COMO SER
CHEIO DO ESPÍRITO SANTO

COMO SER ESPÍS

A. W. TOZER

CHEIO DO
ESPÍRITO
SANTO

PREFÁCIO E NOTAS DE
RODRIGO SILVA

SÃO PAULO, 2019

Como ser cheio do Espírito Santo
How To Be Filled With The Holy Spirit
This book was first published in the United States by Moody Publishers with the title *How to Be Filled With the Holy Spirit*, copyright © 1952, 1992, 2001, 2016 by The Moody Bible Institute of Chicago. Translated by permission. All rights reserved.
Copyright © 2019 by Editora Ágape Ltda.

COORDENAÇÃO EDITORIAL: Rebeca Lacerda
TRADUÇÃO: Deborah Stafussi
PREPARAÇÃO DE TEXTO: Rebeca Lacerda
REVISÃO TÉCNICA/NOTAS: Rodrigo Silva
REVISÃO ORTOGRÁFICA: Editorando Birô • Tássia Carvalho
CAPA: Brenda Sório
PROJETO GRÁFICO: Bruna Casaroti

EDITORIAL
Jacob Paes • João Paulo Putini • Nair Ferraz
Rebeca Lacerda • Renata de Mello do Vale • Vitor Donofrio

Texto de acordo com as normas do Novo Acordo Ortográfico da Língua Portuguesa (1990), em vigor desde 1º de janeiro de 2009.

Dados Internacionais de Catalogação na Publicação (CIP)

Tozer, A. W.
    Como ser cheio do Espírito Santo / A. W. Tozer ; tradução de Deborah Stafussi. -- Barueri, SP : Ágape, 2019.

    Título original: How to be filled with The Holy Spirit

    1. Sermões 2. Espírito Santo 3. Vida cristã 4. Deus I. Título II. Stafussi, Deborah III. Silva, Rodrigo

18-1286   CDD 251

Índice para catálogo sistemático:
1. Sermões : Espírito Santo 251

EDITORA ÁGAPE LTDA.
Alameda Araguaia, 2190 – Bloco A – 11º andar
Conjunto 1112 – CEP 06455-000
Alphaville Industrial, Barueri – SP – Brasil
Tel.: (11) 3699-7107 | Fax: (11) 3699-7323
www.editoraagape.com.br | atendimento@agape.com.br

Nota do autor

As páginas a seguir representam a essência de uma série de sermões entregues em sucessivas tardes de domingo para a congregação da igreja da qual sou pastor. As conversas foram registradas por meio da taquigrafia e depois reduzidas ao seu tamanho atual. Uma quinta mensagem que fez parte da série foi omitida aqui.

O fato de que essas mensagens foram originalmente orais justifica seu estilo apressado e as referências pessoais que ocorrem nelas ocasionalmente. Se eu tivesse escrito essas mensagens, teria mais cuidado em sua elaboração. No entanto, o assunto é tão vitalmente importante que tenho certeza de que o leitor perdoará o estilo informal da linguagem. A verdade é sempre boa, mesmo quando o veículo que a conduz é caseiro e simples.

Este livro é disponibilizado ao público com a oração de que possa ajudar a conduzir muitos fiéis sedentos à fonte de águas vivas.

Prefácio
por Rodrigo Silva

Os pregadores que conseguem transformar seus sermões em obras literárias e seus livros em verdadeiros sermões são os mais raros dos preletores. É por isso que A. W. Tozer merece recomendações com louvor por tudo que pregou e escreveu. Cada frase, cada pensamento, cada ilustração provoca a mente do ouvinte e leitor acalmando os ansiosos e sacudindo os acomodados. O contato com suas obras remete-nos ao ambiente original de suas preleções como se estivéssemos ali pessoalmente, no passado, ouvindo o próprio Tozer pregar.

O mais interessante é a forma como suas ideias são construídas. Embora tivesse adquirido dois doutorados honoris causa pelo Wheaton College e Houghton College, sua erudição não partia da academia, mas da realidade paroquiana de seus membros. Isso não significa que desprezasse a leitura e a reflexão teológica profunda. Ele parecia devorar os clássicos do cristianismo desde a patrística até os escritos de Wesley, os quais citava livremente de cor, seja em paráfrases ou referências diretas.

Por isso, é possível encontrar em suas reflexões uma combinação perfeita de teologia sistemática e teologia pastoral fundamentadas, é claro, na Bíblia Sagrada. Aliás, se tinha um aforismo do qual ele se apropriava com paixão era a máxima de Wesley quanto ao dever teológico de ser "homem de um só livro [i. e. a Bíblia] e estudante de muitos".

É exatamente esse modelo que vemos em mais essa coletânea de sermões, que recebeu o título de "Como ser cheio do Espírito Santo". Eles foram pregados há mais de 60 anos, contudo, parecem incrivelmente atuais. Talvez a razão disso é que os problemas, dilemas e sugestões por ele apresentados possam ter adquirido formato diferente na atualidade, mas continuam essencialmente os mesmos.

Continuamos lutando com as ameaças de um cristianismo mundano, superficial e demasiadamente democrático que gravita entra a vontade do povo e o "assim diz o Senhor". Tozer era firme em chamar o pecado pelo nome e, se estivesse vivo hoje, talvez não se intimidaria pelos ditames do "ser politicamente correto". Para ele, o correto estava na Bíblia, e qualquer coisa que fugisse desse princípio deveria ser denunciado.

Não obstante essa gama de advertências diretas, Tozer não se esquece de oferecer à igreja o consolo, a reafirmação da fé e as dicas bíblicas de como alcançar a maturidade cristã. É nesse sentido que a presente obra se torna quase um guia introdutório de como ser batizado pelo Espírito, sem, contudo, reduzir a espiritualidade a um simples curso de teologia para leigos.

Como fez Paulo em suas epístolas, ele introduz sistematicamente o leitor ao conhecimento de quem é o Espírito Santo, como a tradição eclesiástica, a teologia e a própria Bíblia o descrevem; a seguir fala sobre a promessa divina de enviar um consolador e, finalmente, como permitir que essa promessa se cumpra cabalmente em nós, tornando-nos cheios do Espírito Santo.

O recebimento do Espírito não ficaria completo se não fosse acompanhado de uma permanência Dele em nossa vida. Essa é uma parte importante, pois Tozer não acredita que uma vez cheios do Espírito nos tornamos permanentemente plenos Dele. Por mais verdadeira que tenha sido nossa experiência com a Terceira Pessoa da Trindade, sem a santificação que acompanha esse processo, o encontro com o Espírito será apenas um instante passado. Bonito, verdadeiro, mas sem efeito para o presente. Daí a necessidade de abrir uma seção final que fale sobre como cultivar a companhia do Espírito Santo.

Finalmente, podemos dizer que as preleções de Tozer eram a extensão de sua vida devocional e sua comunhão com Deus. Aliás, é amplamente reconhecido entre seus biógrafos o desejo ardente que ele nutria de que suas palavras pudessem incentivar os ouvintes/leitores à possibilidade e necessidade de um relacionamento pessoal mais profundo com Deus.

Portanto, nada melhor do que concluir este prefácio recomendando a leitura imediata dos capítulos que se seguem e almejando que a oração de Tozer quanto aos seus leitores possa ser atendida em cada um de nós.

Sumário

Quem é o Espírito Santo?
13

A promessa do Pai
33

Como ser cheio do Espírito Santo
57

Como cultivar a companhia do Espírito Santo?
77

I

QUEM É O ESPÍRITO SANTO?

O espírito é uma substância específica e identificável. Se não pode ser definida, ao menos pode ser descrita. O espírito é real, assim como a matéria, mas é outra forma de existência.

Todos nós usamos muito a palavra "espírito". Agora explico o que quero dizer com essa palavra e também o que não se aplica a ela. Em primeiro lugar, devemos descartar todos os usos secundários da palavra "espírito". Não me refiro à coragem, como quando dizemos: "Isso mesmo, este é o espírito!". Não me refiro ao humor, ao temperamento nem à determinação, tampouco a algo tão nebuloso como essas coisas. O espírito é uma substância[1] específica e identificável. Se não pode ser definida, ao menos pode ser descrita. O espírito é real, assim como a matéria, mas é outra forma de existência.

---

1 Em Ciências, o termo "substância" normalmente designa qualquer tipo de matéria caracterizada por suas propriedades específicas. Fala-se, por exemplo, em substância líquida, sólida ou gasosa. Contudo, o sentido da palavra no discurso de Tozer é metafísico. Ele se refere a um conceito de cunho filosófico, que não tem equivalência apropriada na linguagem comum. Não é sinônimo de coisas materiais, que têm todas suas propriedades à mostra. Substância, nesse sentido, é a essência invisível que fundamenta a realidade das coisas visíveis. Daí o termo latino *sub-stare*, isto é, aquilo que, apesar de invisível, fundamenta a existência de algo visível. (R.T.)

Todos nós somos materiais até certo ponto. Nascemos de pais materiais em um mundo material; somos envoltos em roupas materiais e alimentados de leite material; deitamo-nos, dormimos, andamos, vivemos, falamos e crescemos em um mundo de matéria. A matéria nos pressiona importunamente e domina nossos pensamentos de forma tão completa que não conseguimos falar sobre espírito sem usar termos materiais. Deus fez o homem do pó da terra e o homem tem sido pó desde então, e não podemos nos livrar muito disso.

A matéria é uma forma de existência; o espírito é outra forma de existência, tão autêntica quanto a matéria. As coisas materiais têm certas características como o peso; tudo o que é material pesa, cede à força gravitacional. A matéria tem medidas, é possível medir aquilo que é feito de matéria. Ela tem forma, algum contorno, não importa se é uma molécula, um átomo ou o que quer que seja, até as estrelas que brilham lá no alto têm forma. E isso também se estende pelo espaço. Então afirmo que peso, dimensão, forma e extensão são aspectos que pertencem à matéria. Essa é a sua forma de existir; essa é uma forma de existência.

Um dos poderes do espírito, de qualquer espírito (pois estou falando sobre espírito agora, e não sobre o Espírito Santo), é a sua habilidade de transpor. A matéria colide com outra matéria e para; não consegue atravessar. Enquanto o espírito pode atravessar tudo. Por exemplo, seu corpo é composto de matéria e, mesmo assim, seu espírito adentrou seu corpo completamente. Espírito pode adentrar espírito, pode transpor a personalidade – oh, se ao menos o povo de Deus conseguisse aprender que o espírito pode transpor a personalidade, que ela não é uma substância impenetrável, ela pode ser transposta. A mente pode ser penetrada pelo pensamento, e o ar pode ser penetrado pela luz, e as coisas materiais e mentais, e até mesmo as espirituais, podem ser transpostas pelo espírito.

O Espírito Santo não tem peso, nem medida, nem tamanho, nem cor, nem extensão no espaço. Contudo, Ele existe tão seguramente quanto você.

O que é o Espírito Santo?

Agora, o que é o Espírito Santo? Não quem, mas o quê? A resposta é que o Espírito Santo é um Ser habitando outra forma de existência. Ele não tem peso, nem medida, nem tamanho, nem cor, nem extensão no espaço. Contudo, Ele existe tão seguramente quanto você.

O Espírito Santo não é entusiasmo. Já vi o entusiasmo que vibrava com a emoção, e o Espírito Santo não estava ali; e encontrei o Espírito Santo onde não havia muito do que chamamos de entusiasmo. O Espírito Santo também não é outro nome para genialidade. Falamos sobre o ânimo de Beethoven e dizemos: "Esse ou aquele artista tocava com grande espírito [genialidade]". O Espírito Santo não é isso. Então, o que Ele é?

Ele é uma Pessoa. Anote isso em letras grandes: o Espírito Santo não é apenas um Ser em outra forma de existência, mas Ele é, em si mesmo, uma Pessoa, com todas as qualidades e poderes da pessoalidade. Ele não é matéria, mas **É SUBSTÂNCIA.**

Geralmente, o Espírito Santo é visto como um vento benéfico que sopra pela Igreja.

Se você pensa no Espírito Santo literalmente como um vento, um fôlego, então você O considera impessoal e genérico. No entanto, Ele possui vontade, inteligência e conhecimento, compaixão e habilidade de amar, ver, pensar, ouvir, falar e desejar como qualquer pessoa.

Vocês podem dizer: "Eu acredito em tudo isso. Não pense que está nos dizendo algo novo!". Eu não espero falar a vocês algo desconhecido; espero apenas preparar a mesa para vocês, arrumando os pratos um pouco melhor e de forma um pouco mais atrativa para que vocês tenham vontade de se alimentar. Muitos de nós crescemos em uma teologia que aceita o Espírito Santo como uma Pessoa, e até mesmo como uma Pessoa divina, mas, por alguma razão, isso nunca nos acrescentou nada. Estamos mais vazios, sem alegria, distantes da paz e mais fracos do que nunca. O que quero fazer é contar o que vocês já sabem, mas, enquanto faço isso, encorajar seu coração a aceitar essas coisas e caminhar para o centro vivo, pulsante e vibrante delas, para que a partir daqui sua vida seja completamente diferente.

Quem é o Espírito Santo?

Então o Espírito Santo é uma Pessoa. Isso é o que Ele é. Agora, quem Ele é?

O que os credos dizem

A Igreja histórica diz que Ele é Deus. Permita-me citar o **CREDO NICENO**[2]:

> "[...] Cremos no **Espírito Santo,** Senhor e Vivificador, que procede do Pai e do Filho, e com o Pai e o Filho é adorado e glorificado [...]".

---

[2] Aqui existe uma imprecisão por parte do autor. O texto é do credo niceno-constantinopolitano, realizado em 381 d.C. Tradicionalmente, acredita-se que esta seria uma revisão e ampliação do credo anterior de Niceia, realizado em 325 d.C., embora ultimamente alguns historiadores têm se oposto a essa explicação. (R.T.)

Era nisso que a Igreja acreditava sobre o Espírito Santo há 1.700 anos. Sejamos ousados por um momento. Vamos tentar esquecer essa ideia de que o Espírito Santo é verdadeiramente Deus. Muito bem. Vamos incluir algo a mais nesse cenário. Vamos dizer:

> "Cremos no **Espírito Santo**, Senhor e Vivificador, que procede do Pai e do Filho, e com o Pai e o Filho é adorado e glorificado."

No lugar de "Espírito Santo", vamos incluir Abraão:

> "**Abraão, o pai dos fiéis**, que procede do Pai e do Filho, e com o Pai e o Filho é adorado e glorificado."

Isso é algo monstruoso, e provoca em seu coração um sentimento de choque. Você não conseguiria fazer isso. Você não conseguiria acrescentar um mero homem ao círculo sagrado da Trindade! O Pai e o Filho devem ser adorados e glorificados, e, se o

Espírito Santo está incluído aí, Ele deve ser igual ao Pai e ao Filho.

Agora, olhemos para o CREDO ATANASIANO, que tem cerca de 1.300 anos. Observe o que diz sobre o Espírito Santo:

> "Assim como é o Pai, assim é o Filho, assim é também o **Espírito Santo**."

Novamente, façamos aquela terrível troca. Vamos inserir nesse conceito o nome de um homem. Usaremos Davi. Digamos:

> "Assim como é o Pai, assim é o Filho, assim é também o **compositor Davi**."

Seria um choque como água gelada no rosto! Não podemos fazer isso. E também não podemos usar o arcanjo Miguel. Não podemos dizer: "Assim como é o Pai, assim é o Filho, assim é também o arcanjo Miguel". Isso seria uma enorme inconsistência, e vocês sabem disso!

Eu lhes disse o que os credos da Igreja dizem. Se a Bíblia ensinasse de outra forma, eu desprezaria os credos. Ninguém pode passar os anos com uma longa barba e com o pó dos séculos sobre ele e me fazer acreditar em uma doutrina a não ser que possa me fornecer um capítulo e versículo que a fundamentem. Eu cito os credos, mas eu os prego apenas até onde eles resumem os ensinos da Bíblia sobre determinado assunto. Se houvesse alguma divergência dos ensinamentos da Palavra de Deus, eu não ensinaria os credos; eu ensinaria a Bíblia, pois a Bíblia é a fonte de toda informação autêntica. No entanto, nossos antepassados fizeram um trabalho poderoso ao se aprofundarem nas Escrituras, descobrindo o que elas ensinam e, então, formulando os credos para nós.

O que os compositores de hinos dizem

Agora vamos olhar o que nossos compositores e escritores de hinos acreditavam. Lembre-se das palavras que o quarteto cantou nesta tarde:

> *Santo Espírito, com luz divinal*
> *Brilhe sobre esse meu coração*

Vamos fazer essa oração para Gabriel, ou a São Bernardo, ou a D. L. Moody. Vamos orar para qualquer homem ou criatura que já serviu a Deus. Não é possível fazer esse tipo de oração para uma criatura. Colocar essas palavras em um hino significa que aquele sobre quem você está cantando deve ser Deus.

Santo Espírito, com poder divinal
Limpe esse meu culpado coração

Quem pode examinar as complexas profundezas da alma humana, nas profundezas do espírito humano, para limpá-lo? Ninguém além do Deus que o criou! Ao dizer "Limpe esse meu culpado coração", o autor do hino indica que o Espírito Santo a quem ele orava era Deus.

Santo Espírito, completamente divinal
Habite dentro desse meu coração
Derrube todos os tronos dos ídolos;
Reine supremo – e reine absoluto.

A Igreja tem cantado esse hino há cerca de cem anos. "Reine supremo – e reine absoluto." Você poderia orar isso para qualquer pessoa que você conhece? O homem que escreveu esse hino acreditava que o Espírito Santo é Deus, senão não teria dito "Reine supremo – e reine absoluto". Esse é um convite que não pode ser feito para qualquer pessoa, a não ser para o Divino, a não ser para Deus.

O que as Escrituras dizem

Agora, vamos às Escrituras. Observem que estou tentando estabelecer a verdade de que o Espírito Santo não é apenas uma Pessoa, mas que é uma Pessoa divina; não apenas uma Pessoa divina, mas Deus.

No salmo 139, o salmista atribui a onipresença ao Espírito Santo. Ele diz: "Para onde poderia eu fugir de teu Espírito?" (139:7) e desenvolve, por todo o salmo 139, em uma linguagem que é tão bela quanto o nascer do sol e tão musical quanto o vento pelos salgueiros, a ideia de que o Espírito está em todo lugar, com os atributos de uma divindade. Ele deve ser uma divindade, pois criatura alguma poderia ter tais atributos.

Em Hebreus, é atribuído ao Espírito Santo aquilo que nunca foi atribuído a um arcanjo, serafim, querubim, anjo, apóstolo, mártir, profeta, patriarca nem a qualquer um que tenha sido criado pelas mãos de Deus. Diz: "mediante o Espírito eterno" (Hb 9:14), e todo teólogo sabe que a eternidade não é um atributo pertencente a qualquer criatura formada pela divindade. Os anjos não são eternos; ou seja, eles tiveram um início, e todas as coisas criadas tiveram um início. Assim que a palavra "eterno" é utilizada a respeito de um ser, ela imediatamente estabelece o fato de que ele nunca teve um início, não é uma criatura, mas, sim, Deus. Portanto, quando o Espírito Santo diz de si mesmo "o Espírito eterno", Ele está se chamando de Deus.

A fórmula batismal em Mateus 28:19 afirma: "batizando-os em nome do Pai e do Filho e do Espírito Santo". Agora tente imaginar inserir o nome de um homem aí: "batizando-os em nome do Pai e do Filho e do Apóstolo Paulo". É difícil imaginar! É algo horrível de contemplar! Nenhum homem pode ser incluído nesse círculo fechado de divindade. Nós batizamos em nome do Pai e do

Filho, porque o Filho é igual ao Pai em Sua deidade, e batizamos em nome do Espírito Santo porque o Espírito Santo é igual ao Pai e ao Filho.

Vocês podem dizer: "Você é apenas um **trinitariano**[3], e nós também já somos trinitarianos". Sim, eu sei disso, mas novamente eu lhes digo que estou tentando enfatizar esse ensinamento.

Quantas verdades benditas foram esquecidas? As pessoas acreditam nelas, mas elas simplesmente não estão sendo ensinadas. Havia um homem e sua esposa, um casal muito inteligente vindo de outra cidade. Eles mencionaram o nome da igreja a que pertenciam, e eu lhes disse instantaneamente: "Essa é uma boa igreja!".

"Ah, sim", eles disseram, "mas eles não ensinam o que viemos até aqui para ouvir". Eles vieram porque estavam doentes e queriam ser ungidos biblicamente para receber a cura. Então eu reuni dois missionários, dois pregadores e um ancião, e os ungimos e oramos por eles. Se alguém fosse até a igreja que eles frequentavam e dissesse

---

3 Aquele que acredita na doutrina da Trindade. (R.T.)

ao pregador: "Você crê que o Senhor responde às orações e cura os enfermos?"; ele responderia: "Sim, eu creio!". Ele acredita nisso, mas não ensina; e aquilo em que você não acredita o bastante para ensinar não o beneficia em nada.

É a mesma coisa com a plenitude do Espírito Santo. O cristianismo evangélico acredita nele, mas ninguém o experimenta. Fica ali, encoberto por neve, esquecido. Eu estou orando para que Deus possa derreter o gelo dessa verdade bendita, e permita que ela viva novamente, para que a Igreja e as pessoas que a ouvirem desfrutem-na e não digam apenas "eu acredito" enquanto ela permanece enterrada sob a neve da inércia e da falta de atenção.

Vamos recapitular. Quem é o Espírito Santo? O Espírito é Deus, em outra forma de existência, diferente da nossa. Ele existe como espírito, e não como matéria, pois Ele não é matéria, mas, sim, Deus. Ele é uma Pessoa. Foi assim que toda a Igreja de Cristo acreditou ao longo dos anos. Foi assim cantado pelos salmistas nos dias dos primeiros compositores. Assim é ensinado na Bíblia, por todo o Antigo Testamento e também pelo Novo, e eu lhes dei apenas alguns

textos como prova, e eu poderia passar a noite lendo versículos que afirmam a mesma coisa.

Como Ele é?

Então, o que parte de tudo isso? Bem, há uma divindade invisível presente, uma Pessoa que conhece e sente, e Ele é indivisível do Pai e do Filho, então, se você fosse transferido para o céu, não estaria mais perto de Deus do que está agora, pois Deus já está aqui. Mudar sua localização geográfica não o levaria para mais perto de Deus nem traria Deus para mais perto de você, porque a Trindade indivisível está presente; tudo o que o Filho é o Espírito Santo é, e tudo que o Pai é o Espírito Santo é, e assim como o Pai e o Filho, o Espírito Santo está em Sua Igreja.[4]

---

4 Aqui o autor está se referindo à essência divina das três pessoas, que é a mesma, mas não à economia delas. Nesse ponto, os três são distintos. O Filho, por exemplo, assumiu a natureza humana por meio da encarnação. O Espírito não, de modo que um não é exatamente o que é o outro. Contudo, o caráter e a divindade de um revela o caráter e a divindade dos demais. (R.T.)

Como descobriremos como Ele é? Ele será exatamente como Jesus. Você já leu o Novo Testamento e sabe como Jesus é, e o Espírito Santo é exatamente como Jesus, pois Jesus era Deus e o Espírito é Deus, e o Pai é exatamente como o Filho; você pode descobrir como Jesus é ao conhecer como é o Pai, e você pode saber como o Espírito Santo é ao conhecer como Jesus é.

Se Jesus viesse caminhando por um corredor, não haveria um estampido na porta. Ninguém gritaria ou ficaria com medo. Nós poderíamos começar a chorar de pura alegria e satisfação por Ele ter nos honrado com Sua presença, mas ninguém ficaria com medo de Jesus; nenhuma mãe com um bebezinho chorando sentiria medo de Jesus; nenhuma prostituta sendo arrastada pelos cabelos teria que sentir medo de Jesus – ninguém! Jamais alguém teve que sentir medo de Jesus, pois Ele é a epítome do amor, da bondade, da alegria, do acolhimento e da doçura. E é exatamente assim que o Espírito Santo é, pois Ele é o Espírito do Pai e do Filho.

A PROMESSA DO PAI

Os seus filhos e as suas filhas profetizarão, os idosos terão sonhos, os jovens ganharão visões! Inclusive sobre os escravos e serviçais da época, derramarei do meu Espírito naqueles dias.
(Jl 29)

> Eis que Eu sobre vós envio a promessa de meu Pai; contudo, permanecei na cidade, até que sejais revestidos do poder do alto! (Lc 24:49)

Eu me pergunto se vocês já pensaram sobre a origem da frase que Jesus usou aqui. Por que Ele chamou de "a promessa do Pai"? Ele não disse "minha". Ele disse "a promessa de meu Pai". Isso nos leva para Joel 2:28-29:

> E então, depois desses eventos, derramarei do meu *Ruwach*, Espírito, sobre todos os povos! Os seus filhos e as suas filhas profetizarão, os idosos terão sonhos, os jovens ganharão visões! Inclusive sobre os escravos e serviçais da época, derramarei do meu Espírito naqueles dias.

Então, quando o nosso Senhor Jesus veio, Ele, com autoridade, interpretou isso, ligando Sua intenção para Sua Igreja às antigas promessas entregues pelo Pai séculos antes.

Observando tudo isso, é possível discernir três períodos no Novo Testamento: 1) o período da promessa; 2) o período da preparação; e 3) o período da realização – todos relacionados à promessa do Pai e à intenção do Filho para Seu povo.

O período da promessa

O período da promessa estende-se de João Batista, aproximadamente, até a ressurreição de nosso Senhor Jesus. Suas marcas são estas: havia discípulos, eles foram comissionados e instruídos e colocaram em prática sua comissão e a autoridade dada a eles pelo Senhor. Eles conheceram o Senhor Jesus; eles O amaram. Conheceram-no em vida, conheceram-no na morte, viram-no morto, e O viram ressuscitar dos mortos. Em todo o tempo, nosso Senhor estava com eles. Ele estava ocupado criando expectativa neles. Ele estava dizendo para Seus discípulos que, apesar de tudo o que eles tinham e todas as bênçãos que Deus, o Pai, havia dado a eles, poderiam esperar a chegada de uma forma de vida nova e superior. Ele estava criando uma expectativa sobre uma efusão de energia derramada, que eles, mesmo em seu melhor, ainda não haviam provado.

O período da preparação

Então, nosso Senhor ressurgiu dos mortos e teve início o que chamamos de período da preparação. O breve período entre a ressurreição do nosso Senhor e a descida do Espírito Santo. Eles pararam todas as suas atividades sob ordens do Senhor. Ele disse: "Esperem! Vocês estão prestes a receber o que foi prometido. Suas expectativas estão prestes a ser atingidas, e suas esperanças realizadas. Portanto, não façam nada até que Ele venha".

Devo dizer que, algumas vezes, vamos mais longe quando não vamos a lugar algum; movemo-nos mais rápido quando não saímos do lugar; aprendemos mais quando pensamos que já paramos de aprender. Esses discípulos chegaram a um impasse. O Senhor havia ressuscitado, eles O viram e, com alegria e satisfação, eles sabiam que Ele havia ressuscitado dos mortos. Agora Ele havia ido embora. Onde Ele estava? Eles se reuniram, como você e eu teríamos feito sob tais circunstâncias, esperando, todos em acordo. Isso é mais do que eles haviam feito durante o período da promessa. Mas eles estavam em 120 pessoas, e todos estavam em comum acordo.

O período da realização

O período da realização chegou a eles quando o Pai cumpriu Sua promessa e enviou o Espírito. Pedro usou uma frase para descrever esse acontecimento, a qual é uma das frases mais completas e excelentes que conheço. Ele disse: "Ele recebeu do Pai o Espírito Santo prometido e derramou o que vós agora vedes e ouvis" (At 2:33) – o derramamento foi como uma chuva poderosa. As expectativas foram superadas – não apenas correspondidas, mas superadas. Deus sempre nos dá algo mais. Eles receberam mais do que esperavam.

O que aconteceu ali? O que eles receberam que já não tinham antes? Bem, primeiro, eles tinham um novo tipo de evidência para a realidade de sua fé. Veja só, Cristo havia falado cerca de quatro vezes sobre ser o Messias.

Ele disse: "Vós examinais criteriosamente as Escrituras, porque julgais ter nelas a vida eterna, e são elas mesmas que testemunham acerca de mim" (Jo 5:39). As Escrituras eram a prova de quem Cristo era. Essa é uma evidência.

Outra fala é o testemunho de João Batista, que apontou para Jesus e disse: "Eis o Cordeiro de Deus, que tira o pecado do mundo!" (Jo 1:29).

Jesus nos dá outra evidência. Ele disse: "E o Pai [...], Ele mesmo testemunhou sobre mim" (Jo 5:37), e assim houve uma terceira prova de que Ele era o Messias, e uma prova autêntica.

Então Ele entregou a quarta evidência. Ele disse: "a própria obra que o meu Pai me deu para consumar, e que estou realizando, testemunha que o Pai me enviou. [...]; Crede-me [...] ao menos por causa das mesmas obras" (Jo 10:38; 14:11).

Você já notou que há um sério rompimento aqui, um rompimento que nosso Senhor reconheceu e que Ele remediou com a vinda do Espírito Santo? Esse rompimento está na externalização necessária das evidências. Em todos os casos, as provas que nosso Senhor apresentou sobre ser o Messias são externas para os indivíduos. Elas não estão dentro do homem. Ele precisa abrir as Escrituras e ler. Isso é algo externo.

Quando ouço que a Igreja de Cristo foi pelo mundo inteiro carregando a tocha da civilização, curando e levando esperança e ajuda, eu concluo que a igreja cristã deve ser de Deus, pois ela está agindo da forma que Deus agiria. Quando ouço que ela tem fundado hospitais e asilos, eu digo com certeza que ela deve ser de Deus, porque é isso que Deus, sendo quem Ele é, faria. Quando ouço que ela emancipou as **mulheres**[5] e que as tirou do papel de escrava, de posse, de objeto de desejo de um

---

5 Aqui o autor se refere ao contexto da chamada Primeira Onda Feminista em meio à qual ele mesmo vivia. Desde o final do século 19 e até metade do século 20, eclodiram nas igrejas incontáveis movimentos de mulheres. Muitos eram formados por grupos e associações que surgiam no amplo movimento de uma nova cristandade, representando um primeiro esforço bem estruturado de resposta aos desafios da sociedade secularizada, de valorizar o papel da mulher na sociedade, à luz da fé, e de situar melhor a Igreja no mundo moderno. (R.T.)

rei para serem iguais aos homens e rainhas de sua casa, eu digo com certeza que isso deve ser de Deus.

Podemos caminhar pelos corredores da História e coletar provas da divindade da Igreja[6] com base no que ela fez. É possível ver como ela levou a civilização ali e a ajuda acolá. Ela limpou os bares da cidade e libertou um jovem da bebedeira. Dizemos que isso deve ser de Deus. Mas essa é uma prova exterior e depende da lógica.

---

6 O autor não quer dizer que a Igreja seja essencialmente divina, pois, conforme esclarecido anteriormente, essa é uma característica exclusiva do Pai, do Filho e do Espírito Santo. O sentido aqui é o de que assim como os atos de Cristo exteriorizaram ao mundo as ações de Deus na História, os atos da Igreja exteriorizam as ações do Espírito Santo, isto é, concedem visibilidade à divindade. Tal visibilidade, porém, conforme será visto a seguir, só terá valor se for uma exteriorização de conversão interna dos membros da Igreja, que entregaram sua vida a Deus. (R.T.)

A evidência interna

Há outro tipo de evidência: a evidência imediata de vida interior. Essa é a evidência pela qual sabemos que estamos vivos. Se eu quisesse provar que vocês não estão vivos, vocês ririam de mim e iriam para casa, tão vivos quanto estão agora e nem um pouco preocupados sobre isso, porque teriam a evidência instantânea, sem intermediários, de vida interior.

Jesus Cristo queria tirar a religião do exterior e torná-la interior, e, assim, colocá-la no mesmo nível da vida em si, para que um homem soubesse que conhece a Deus da mesma forma que sabe que ele é ele mesmo e não outra pessoa. Ele saberia que conhece a Deus da mesma forma que sabe que está vivo, e não morto. Somente o Espírito Santo pode fazer isso. O Espírito Santo veio retirar a evidência do cristianismo dos livros de apologética e carregá-la para dentro do coração humano, e é exatamente isso que Ele faz.

É possível levar o Evangelho de Jesus Cristo para os incrédulos em Bornéu, ou na África, pessoas que nunca conseguiriam conceber a premissa básica de seus argumentos lógicos, então seria completamente impossível que eles decidissem, em termos lógicos, se o cristianismo é de Deus ou não. Pregue sobre Cristo a eles e acreditarão e serão transformados, abandonarão suas iniquidades e mudarão da maldade para a retidão e ficarão felizes com tudo isso; aprenderão a ler e a escrever e a estudar a Bíblia, e se tornarão líderes e pilares em sua própria igreja, transformados e renovados. Como? Pelo testemunho imediato do Espírito Santo no coração deles. Essa é a novidade que chegou, amigos! Deus retirou a religião do campo externo e tornou-a algo interior.

O problema é que estamos tentando confirmar a verdade do cristianismo apelando para evidências externas. Dizemos: "Bem, olhe para esse camarada. Ele pode lançar uma bola de beisebol mais longe do que qualquer outro, e ele é cristão, portanto, o cristianismo deve ser verdade". "Aqui está um importante político que acredita na Bíblia. Portanto, a Bíblia deve ser verdade". Nós citamos Daniel Webster ou Roger Bacon. Escrevemos livros para mostrar que algum cientista acreditava no cristianismo; e, sendo assim, o cristianismo deve ser verdade.

Estamos completamente no caminho errado, irmãos! Esse, definitivamente, não é o cristianismo do Novo Testamento. Esse é um apelo lamentável, choroso e tolo para a carne. Esse nunca foi o testemunho do Novo Testamento, nunca foi a maneira de Deus fazer as coisas – nunca! É possível satisfazer o intelecto dos homens com evidências externas, e Cristo, de fato, apontou para evidências externas quando esteve aqui na terra.

O testemunho do Espírito Santo

Ele disse, entretanto: "Estou enviando a vocês algo melhor. Estou retirando a apologética cristã do campo da lógica e colocando-a no campo da vida. Estou entregando minha deidade, e minha prova não será um apelo a um general ou primeiro-ministro. A verdade encontra-se em uma energia invisível, ainda não vista, mas poderosa, que visita a alma humana quando o Evangelho é pregado: o Espírito Santo!".

O Espírito do Deus vivo trouxe uma evidência que não precisava de lógica; ia direto para a alma como um raio de luz, como o penetrar direto de uma lança afiada no coração. Essas são as palavras exatas usadas nas Escrituras quando dizem que **"ficaram agoniados em seu coração"**[7]. Nosso tradutor aponta que a palavra "agonia" significa que algo vai mais fundo do que a lança que perfurou o lado de Jesus!

É dessa forma que Deus age. Há um testemunho imediato, uma ação do Espírito de Deus, sem intermediários, sobre o espírito do homem. Há um infiltrar, uma ação nas células daquela alma humana e uma impressão do Espírito Santo de que tudo isso é verdade. Era isso que aqueles discípulos nunca haviam tido antes, e é exatamente isso que a Igreja não tem agora. É isso que nós, pregadores fundamentalistas, desejaríamos ter e não temos, e é

---

7   O texto referido é Atos 2:37. No contexto da pregação de Pedro, os ouvintes sentiram-se angustiados de coração. O termo grego original κατανύσσειν é usado no sentido figurativo de emoção dolorida que penetra o coração como se produzisse um profundo ardor no peito. (R.T.)

por isso que vamos tão longe para provar as coisas. Isso, consequentemente, é o porquê de esse humilde púlpito nunca estar aberto para um homem que queira provar o cristianismo apelando a evidências externas. Em primeiro lugar, isso não é possível e, por fim, eu não faria isso. Temos algo melhor.

Então, o Espírito Santo também atribuiu uma característica brilhante e emocional para a religião deles, e eu lamento diante do meu Deus a falta disso em nossos dias. A característica emocional não está lá. Há uma indisposição em todos nós; bombeamo-nos tanto, tentando obter uma pequena gota de satisfação de nosso velho poço enferrujado, e escrevemos inúmeros refrãos animados, e bombeamos e bombeamos até ser possível ouvir aquele velho objeto enferrujado rangendo a uma longa distância. Mas isso não funciona.

Então Ele deu a eles uma autoridade espiritual direta. Com isso, quero dizer que Ele removeu seus medos, suas questões, suas desculpas e suas dúvidas, e eles receberam uma autoridade que estava fundamentada na vida.

O Espírito Santo veio retirar a evidência do cristianismo dos livros de apologética e carregá-la para dentro do coração humano, e é exatamente isso que Ele faz.

O Espírito derramado hoje

Há um grande erro moderno que eu gostaria de mencionar: considerar que a descida do Espírito Santo aconteceu uma única vez, que o indivíduo cristão não é afetado por isso. É como o nascimento de Cristo, que aconteceu de uma vez por todas, e o mais excelente sermão sobre o nascimento de Cristo jamais poderia reproduzir esse nascimento, e todas as orações do mundo inteiro jamais fariam Cristo nascer novamente da virgem Maria.

É, dizem, como a morte e a ressurreição de Cristo – nunca será repetida. Esse erro afirma que a vinda do Espírito Santo é algo histórico, um avanço nas **obras dispensacionais**[8] de Deus; mas está tudo estabelecido agora e não precisamos mais pensar nisso, está tudo aqui. Se cremos em Cristo, temos tudo, e não há mais nada.

Tudo bem. Todos têm o direito de seguir esse ponto de vista, se é que é considerado bíblico, mas eu gostaria apenas de fazer algumas perguntas. Eu não vou responder a elas; vou apenas perguntar, e vocês devem pregar o próprio sermão.

---

8 Quando se fala em "dispensações de Deus", pensa-se imediatamente naquele sistema teológico desenvolvido por J. N. Darby que deu origem à moderna interpretação escatológica que distingue entre o plano de Deus para Israel e o Seu plano para a Igreja, com ênfase no Arrebatamento pré-tribulacional da Igreja antes da septuagésima semana de Daniel; no pré-milenismo e o cumprimento dos desígnios de Deus no final da História. Biblicamente falando, o termo dispensação (οικονομια em grego) significa administração, supervisão ou direção de uma propriedade pertencente a outro. Logo, trata-se de um acordo que envolve responsabilidade e acerto de contas no devido tempo. Assim, teologicamente falando, o termo passou a representar determinados períodos sequenciais de tempo durante os quais o homem é testado em sua fidelidade a específicas revelações de Deus para aquele tempo. Esse parece ser o sentido do termo na expressão do autor. (R.T.)

Como ser cheio do Espírito Santo

A promessa do Pai, com todas as suas riquezas de graça espiritual e poder, é designada apenas para os cristãos do primeiro século? O novo nascimento, pelo qual os cristãos do primeiro século tiveram que passar, foi o suficiente para todos os outros cristãos ou temos que passar pelo mesmo novo nascimento que eles? O novo nascimento deve ser repetido em cada cristão para ser válido ou a primeira igreja já nasceu de novo por todos nós? É possível nascer de novo por procuração? O fato de que aqueles primeiros 120 nasceram de novo quer dizer que nós não precisamos fazer o mesmo? Agora vocês me respondam.

Vocês dizem: "Não, com certeza concordamos que cada um precisa ter seu novo nascimento, individualmente". Tudo bem. Se isso é verdade (e é), a plenitude do Espírito que aqueles primeiros cristãos receberam é o bastante? Ela serve para mim e para você? Eles receberam a plenitude, agora estão mortos. O fato de que eles foram cheios me beneficia? Respondam a essas questões.

Novamente, quero perguntar a vocês: uma refeição feita por Pedro no ano de 33 d.C. me alimentaria hoje? Uma boa refeição de bolos de cevada, leite e mel espalhado sobre o bolo – uma boa refeição para um bom judeu na época de Pedro – me alimentaria hoje? Não, Pedro está morto, e eu não posso ser nutrido por algo que Pedro comeu.

A plenitude do Espírito Santo que Pedro recebeu no cenáculo serve para mim hoje ou eu devo receber individualmente o que Pedro recebeu?

Que valor teria a plenitude do Espírito na igreja de Jerusalém para nós hoje se aconteceu de uma única vez e não podemos receber o mesmo aqui. Estamos separados por cerca de oito mil quilômetros de água e dois mil anos. E então, o que aconteceu com eles pode nos beneficiar hoje?

Quero fazer mais perguntas: vocês veem alguma similaridade entre algum de nós, cristãos caminhando por Chicago, e aqueles apóstolos? Você está pronto para acreditar que temos exatamente o que eles tinham, e que todos os cristãos em Chicago que aceitam a Bíblia e se convertem entram imediatamente nesse grupo, desfrutam e possuem exatamente o que eles tinham naquela época? Vocês certamente são melhores do que isso!

O Espírito do Deus vivo trouxe uma evidência que não precisava de lógica; ia direto para a alma como um raio de luz, como o penetrar direto de uma lança afiada no coração.

Esse **fundamentalismo**[9] moderno como conhecemos – e do qual somos parte – é um cumprimento satisfatório das expectativas despertadas pelo Pai e por Cristo? Nosso Pai, que está no Céu, gerou certas expectativas altas do que Ele iria fazer por Seu povo redimido. Quando Seu Filho veio para redimir aquelas pessoas, Ele aumentou essas expectativas, elevou-as, esclareceu-as, estendeu-as, alargou-as e enfatizou-as. Ele elevou uma expectativa que estava simplesmente além das palavras, maravilhosa, bela e emocionante demais para imaginar. Quero perguntar a vocês: esse nível de cristianismo que nós, fundamentalistas desta cidade, desfrutamos foi o que Ele pretendeu com o que disse?

---

9 Embora atualmente a palavra "fundamentalismo" e seu congênere "fundamentalista" tenham adquirido um sentido pejorativo para muitos, nos tempos de Tozer, sua compreensão era outra. Tratava-se de um movimento religioso e conservador, nascido entre os protestantes dos Estados Unidos, no início do século 20, enfatizando a interpretação literal da Bíblia como fundamental à vida e à doutrina cristãs. Embora com caracteres de ativismo político-religioso, não se pode dizer que se trata de um movimento unificado. O Fundamentalismo pode referir-se a diferentes tendências e abordagens, dependendo da denominação que o emprega. (R.T.)

Ouçam, irmãos: nosso Senhor Jesus Cristo avisou que Ele estava indo para o Pai e iria deixar para o Seu povo um presente maravilhoso, e Ele disse: "Fiquem onde vocês estão até que ele venha, porque essa será a diferença entre o fracasso e o sucesso para vocês".

Então o Espírito veio. E Ele correspondia ao que havia sido anunciado? Eles disseram: "Isso é tudo o que Ele quis dizer? Nossa, que decepção!"? Não. As Escrituras dizem que eles ficaram maravilhados. A palavra "admiração" estava em seus lábios e seu coração. Ele entregou muito mais do que prometeu, porque as palavras eram a Promessa e o Espírito Santo era seu cumprimento.

A questão é que nós, cristãos, não estamos à altura do que Ele nos deu motivo para esperar. A única coisa honesta a se fazer é admitir isso e fazer algo a respeito. Com certeza houve um enorme rompimento em algum lugar entre a Promessa e seu cumprimento. E esse rompimento não foi com o nosso Pai celestial, pois Ele sempre dá além do que promete.

Agora vou pedir que vocês ponderem, com reverência, sobre isso e separem um tempo para estudar as Escrituras, orar e vigiar, obedecer e acreditar, e ver se isso – que o nosso Senhor nos deu motivos para pensar que poderia pertencer à Igreja – não pode ser nosso em cumprimento e realização.

III

COMO SER CHEIO DO ESPÍRITO SANTO

Antes de ser cheio do Espírito Santo, você precisa estar certo de que pode ser cheio Dele.

Antes de lidarmos com o tópico de como ser cheio do Espírito Santo, há alguns assuntos que precisam ser resolvidos. Como cristãos, precisamos tirá-los da nossa frente, e é bem aqui que a dificuldade aumenta. Tive medo de que meus ouvintes [leitores] pudessem ter a ideia em algum lugar de que eu teria uma doutrina de "como ser cheio do Espírito em cinco lições fáceis", e que poderia ensiná-los. Se você tiver alguma ideia vaga como essa, posso apenas ficar diante de você e dizer: "Eu sinto muito"; porque isso não é verdade; eu não posso dar um curso como esse. Há algumas coisas, afirmo, que vocês precisam retirar do caminho, resolver. Uma delas é: antes de ser cheio do Espírito Santo, você precisa estar certo de que pode ser cheio Dele.

A vida cheia do Espírito é para você?

Satanás se opôs à doutrina da vida cheia do Espírito de forma muito amarga, assim como fez com qualquer outra doutrina que existe. Ele a confundiu, a contradisse, e a cercou de noções falsas e medos. Ele bloqueou todas as tentativas da Igreja de Cristo de receber do Pai seu patrimônio divino, comprado com sangue. A Igreja negligenciou tragicamente essa grande verdade libertadora – que agora há para o filho de Deus uma unção plena e maravilhosa e completamente satisfatória com o Espírito Santo.

Então vocês devem ter certeza de que isso é para vocês. Vocês devem ter certeza de que é a vontade de Deus para vocês; ou seja, que é parte do plano total, que é incluída e abraçada pela obra de Cristo na redenção; que ela é, como os antigos companheiros de oração em **acampamentos**[10] costumavam

---

10   Os acampamentos a que o autor se refere são as famosas campais (*camp meetings*) de tradição inglesa e norte-americana. Eram encontros de oração, louvor e pregação realizados em grandes tendas móveis envolvendo centenas ou até milhares de crentes. Nesses encontros, os fiéis (muitos alojados em barracas) se reuniam para um culto coletivo, atraindo pessoas das mais diferentes regiões do país. Muitos cultos de reavivamento espiritual ocorreram nessas campais. (R.T.)

dizer "o resultado da compra com Seu sangue", referindo-se ao sangue de Jesus, que nos remiu.

Eu devo fazer uma observação aqui para dizer que, sempre que uso os pronomes "isso" ou "aquilo", estou falando sobre o dom, o presente. Quando falo diretamente do Espírito Santo, uso um pronome pessoal, Ele, referindo-me a uma pessoa, pois o Espírito Santo não é um "isso" ou "aquilo", mas o dom do Espírito Santo deve ser necessariamente chamado de "isso".

Você consegue acreditar que isso é parte do plano de Deus?

Vocês podem, afirmo, ter certeza de que isso não é nada novo ou adicional. A vida cheia do Espírito Santo não é uma edição especial, *deluxe*, do cristianismo. Ela é parte do plano total de Deus para o Seu povo.

Vocês podem estar certos de que não é algo anormal. Eu admito que é incomum, porque há poucas pessoas que caminham sob essa luz ou que desfrutam dela, mas não é algo anormal. Em um mundo onde todos estão doentes, a saúde seria incomum, mas não seria anormal. Isso é incomum apenas porque nossa vida espiritual está miseravelmente doente e muito distante de onde deveria estar.

Você consegue acreditar que o Espírito Santo é amável?

Novamente, vocês podem estar certos de que não há nada de estranho, esquisito ou sinistro a respeito do Espírito Santo. Acredito ser uma obra do diabo atribuir à pessoa do Espírito Santo um ar de estranheza ou mistério, para que o povo de Deus sentisse que essa vida cheia do Espírito é uma vida estranha e peculiar, um pouco esquisita.

Isso não é verdade, meus amigos! O diabo inventou isso, preparou isso. O mesmo diabo que certa vez disse à primeira mulher: "Sim, Deus disse". E assim caluniou o Deus Todo-Poderoso. O mesmo diabo caluniou o Espírito Santo. Não há nada assustador, nada esquisito, nada contrário ao funcionamento normal do coração humano a respeito do Espírito Santo. Ele é apenas a essência de Jesus compartilhada com os que creem. Leia os quatro evangelhos e verá por si mesmo como Jesus era maravilhosamente calmo, puro, são, simples, doce, natural e amável. Até mesmo os filósofos que não acreditam em Sua deidade devem admitir a amabilidade de Seu caráter.

É preciso ter certeza de tudo isso como uma convicção. Ou seja, vocês precisam estar convencidos a ponto de não tentarem persuadir Deus.

Vocês não precisam persuadir Deus em nada. O **Dr. A.B. Simpson**[11] costumava dizer: "Ser cheio do Espírito é tão fácil quanto respirar; você simplesmente expira e inspira". Ele compôs um hino sobre isso. Sinto por não ser um hino melhor, pois é uma teologia maravilhosa.

---

11 Aqui Tozer está se referindo a Albert Benjamin Simpson (1843-1919), um pregador evangélico canadense, teólogo, compositor, autor e fundador da Aliança Cristã e Missionária, uma denominação evangélica protestante com ênfase em missões de evangelismo global. Tanto os hinos quanto a teologia ensinada por Simpson tiveram grande influência sobre os movimentos pentecostais, especialmente nas Assembleias de Deus e a Igreja do Evangelho Quadrangular. (R.T.)

Você consegue acreditar que Ele é bíblico?

Caso você tenha alcançado, em seu ouvir, pensar, meditar e orar, este lugar onde é possível saber que a vida cheia do Espírito é para você, e que não há dúvidas sobre isso, nenhum livro que você tenha lido nem sermão que tenha ouvido, ou folheto que alguém tenha lhe entregado pode incomodá-lo; você está tranquilo quanto a isso; você está convencido de que, no sangue de Jesus, quando Ele morreu na cruz, estava incluído, como uma compra com aquele sangue, seu direito a uma vida plena, cheia do Espírito Santo. Mas, caso você acredite que ser cheio do Espírito é algo extra, adicional e incomum, e que para alcançá-Lo você precisa ir até Deus para implorar e bater seus pulsos na cadeira, recomendo isto: não faça nada a respeito disso a não ser meditar sobre as Escrituras com essa verdade em mente.

Vá para a Palavra de Deus, àqueles trechos que tratam do assunto em discussão, e medite neles, pois "a fé vem pelo ouvir as boas novas, e as boas novas vêm pela Palavra de Cristo" (Rm 10:17). A verdadeira fé não floresce de sermões, mas, sim, da Palavra de Deus – só podem florescer de sermões se forem sobre a Palavra de Deus. Eu recomendo que vocês fiquem tranquilos e confiantes sobre isso. Não fiquem agitados nem desanimados. A hora mais escura é logo antes do amanhecer. Se você prosseguir em conhecer o Senhor, pode ser que esse momento de desânimo pelo qual está passando seja apenas anterior ao nascer de uma nova vida.

Lembrem-se: o medo é da carne e o pânico é do diabo. Nunca tenha medo ou entre em pânico. Quando se aproximavam de Jesus, ninguém, a não ser um hipócrita, precisou ter medo dele. Quando um hipócrita se aproximou de Jesus, Ele o partiu em pedaços e o mandou embora, sangrando por cada poro. Se eles estivessem dispostos a abrir mão de seu pecado e seguir ao Senhor, aproximando-se Dele com simplicidade no coração e dissessem: "Senhor, o que queres que eu faça?", o Senhor separaria todo o tempo do mundo para conversar com eles, explicar e corrigir qualquer falsa impressão ou ideias erradas que eles tivessem. Ele é o professor mais doce, mais compreensivo e maravilhoso do mundo, e Ele nunca assusta ninguém. É o pecado que faz isso. Se há um sentimento de medo em sua vida, pode ser que haja algum pecado do qual você precisa se livrar.

A vida cheia do Espírito Santo é parte do plano total de Deus para o Seu povo.

Você quer ser cheio?

Novamente, antes de você ser cheio do Espírito, precisa desejar isso. Aqui encontro uma certa perplexidade. Alguém poderá dizer: "Como você pode nos dizer que devemos desejar ser cheios? Nós não ligamos para você por causa disso? Não estamos aqui para ouvir um sermão sobre o Espírito Santo? Tudo isso não é uma indicação de que estamos desejosos de ser cheios do Espírito Santo?".

Não necessariamente, e vou explicar por quê. Por exemplo, vocês têm certeza de que querem ser tomados por um espírito que não é o seu próprio, ainda que esse espírito seja o puro Espírito de Deus? Mesmo que Ele seja a própria essência do gentil Jesus? Ainda que Ele seja são, puro e livre? Ainda que Ele seja a personificação da sabedoria, a sabedoria em si? Ainda que Ele tenha uma unção de cura preciosa para derramar? Ainda que Ele seja amável como o próprio coração de Deus? Esse Espírito, se Ele os tomar algum dia, será o Senhor da sua vida!

Você quer que Ele seja o Senhor da sua vida?

Eu lhes pergunto: vocês querem que Ele seja o Senhor da sua vida? Que vocês querem os benefícios, disso eu sei. Estou certo disso. Mas vocês querem ser dominados por Ele? Vocês querem entregar as chaves de sua alma para o Espírito Santo e dizer: "Senhor, de agora em diante eu não possuo nem mesmo a chave da minha própria casa. Eu vou e volto conforme o Senhor me disser"? Vocês estão dispostos a entregar a administração do seu negócio e sua alma para o Senhor e dizer para Jesus: "Pode sentar nesta cadeira e cuidar destes telefonemas, comandar a equipe e ser o Senhor deste lugar"? É isso que eu quero dizer. Vocês têm certeza de que querem fazer isso? Estão certos de que desejam isso?

Vocês têm certeza de que querem ter sua personalidade controlada por Aquele que vai esperar obediência à Palavra escrita e viva? Têm certeza de que querem que sua personalidade seja controlada por Aquele que não vai tolerar pecados egoístas? Por exemplo, o amor a si próprio. Você não pode ter o Espírito Santo e ter amor a si mesmo como não pode ter a pureza e a impureza no mesmo momento, no mesmo lugar. Ele não permitirá que você ceda à autoconfiança. Amor a si mesmo, autoconfiança, justiça própria, autoadmiração, autoengrandecimento e autopiedade não são aceitos pelo Deus Todo-Poderoso, e Ele não pode enviar Seu poderoso Espírito para habitar o coração onde essas coisas estão.

Novamente, eu pergunto se vocês desejam ter sua personalidade dominada por Aquele que se opõe diretamente aos caminhos fáceis do mundo. Não há tolerância para o mal, não há sorrisos para piadas tortas, não há risos para coisas que Deus condena. O Espírito de Deus, se Ele assumir o controle, colocará vocês em oposição ao mundo, assim como foi com Jesus.

O mundo crucificou Jesus porque não O suportava! Havia algo Nele que os repreendia, e eles O odiavam por isso, então O crucificaram. O mundo odeia o Espírito Santo assim como já odiaram Jesus, Aquele de quem Ele vem. Vocês estão certos, irmãos? Vocês querem a ajuda Dele, sim; vocês querem muitos benefícios, sim; mas vocês estão dispostos a segui-Lo em Sua oposição aos caminhos fáceis do mundo? Se não estão, não precisam pedir nada além do que já têm, porque vocês não O desejam; vocês só acham que desejam!

Você tem certeza de que precisa Dele?

Novamente, vocês têm certeza de que precisam ser cheios? Vocês não conseguem continuar como estão? Até que vocês estão indo razoavelmente bem: oram, leem a Bíblia, contribuem para missões, gostam de cantar hinos, agradecem a Deus por não beber nem apostar, agradecem por ser honestos e porque oram em casa. Vocês estão felizes com tudo isso. Vocês não podem conviver com isso? Têm certeza de que precisam de mais do que isso?

Quero ser justo com vocês. Quero fazer o que Jesus fez: Ele virou-se para aqueles que O seguiam e lhes disse a verdade. Não quero convencê-los com um argumento falso. "Vocês têm certeza de que querem me seguir?" Ele perguntou e muitos foram embora. Mas Pedro disse: "Senhor, para quem iremos?

Tu tens as palavras de vida eterna" (Jo 6:68). E a multidão que não foi embora foi a que fez história. A multidão que não foi embora foi a que estava lá quando o Espírito Santo veio e encheu o lugar onde ela estava. A multidão que foi embora nunca soube do que se tratava.

Mas talvez vocês sintam em seu coração que não podem continuar como estão, que o nível de espiritualidade para o qual vocês sabem que foram chamados está muito além. Se vocês sentem que há algo que precisam obter senão seu coração nunca ficará satisfeito, que há níveis de espiritualidade, profundezas e alturas de comunhão espiritual, pureza e poder que vocês nunca conheceram, que há frutos que vocês sabem que devem produzir, mas não o fazem, vitória que vocês sabem que devem obter, mas não têm, eu diria: "Venham!", porque Deus tem algo para vocês neste tempo.

Há uma solidão espiritual, uma solitude interior, um lugar interior para onde Deus conduz aquele que O busca, onde ele fica tão só como se houvesse nenhum outro membro da Igreja em qualquer lugar do mundo. Ah, e quando você chega lá, há uma escuridão na mente, um vazio no coração, uma solidão na alma, mas isso antecede o raiar do dia. Ó, Senhor! Leve-nos, de alguma forma, ao raiar do dia!

Como recebê-Lo

É assim que O recebemos. Primeiro, deve APRESENTAR SEU CORPO a Ele (Rm 12:1,2). Deus não pode encher o que Ele não pode ter. Agora pergunto: vocês estão prontos para apresentar seu corpo com todas as suas funções e todo o seu conteúdo – sua mente, sua personalidade, seu espírito, seu amor, suas ambições, seu tudo? Essa é a primeira coisa. Essa é uma ação simples, fácil – apresentar seu corpo. Vocês estão dispostos a fazer isso?

Agora, a segunda coisa é PEDIR (Lc 11:9-13). Eu deixo de lado todas as objeções teológicas a esse texto. Dizem que isso não é para hoje. Bem, então por que Deus deixou isso na Bíblia? Por que não colocou isso em outro lugar? Por que Ele deixou onde eu posso ver, se Ele não quisesse que eu acreditasse nisso? Tudo isso é para nós, e, se o Senhor quisesse, Ele poderia entregar sem que pedíssemos, mas Ele escolheu nos fazer pedir. "Pede, e Eu te darei" (Sl 2:8) é sempre a ordem de Deus; então, por que não pedir?

Atos 5:32 nos mostra a terceira coisa a se fazer. Deus dá Seu Espírito Santo a quem Lhe obedecer. Vocês estão prontos para obedecer e fazer o que for pedido? O que seria isso? Simplesmente viver pelas Escrituras ao passo que entendê-las. Simples, mas revolucionário.

O próximo passo é ter fé (Gl 3:2). Nós O recebemos por fé como recebemos o Senhor em salvação por fé. Ele vem como um dom de Deus para nós em poder. Primeiro, Ele vem em certo grau e medida quando nos convertemos, de outra forma não poderíamos ser convertidos. Sem Ele, não poderíamos nascer de novo, porque nascemos do Espírito. Mas estou falando sobre algo diferente agora, um passo adiante. Estou falando sobre Sua vinda e posse do corpo completo, mente, vida e coração, controlando toda a personalidade, gentilmente, mas de forma direta e sem rodeios, e tornando-a Dele, para que possamos ser uma habitação de Deus por meio do Espírito.

Agora, suponhamos que cantemos. Podemos cantar "O Consolador chegou", porque Ele veio. Se Ele não veio ao seu coração de forma completa, Ele virá; mas Ele veio para a terra. Ele está aqui e está pronto para quando apresentarmos nosso vaso para que Ele encha – se pedirmos e crermos. Vocês farão isso?

IV

COMO CULTIVAR A COMPANHIA DO ESPÍRITO SANTO?

Pobre do homem que deseja uma garantia sem estar disposto a pagar por ela.

Ora, duas pessoas poderão caminhar lado a lado se não tiverem de acordo? (Am 3:3)

Nesse versículo, lemos o que é conhecido como uma pergunta retórica; é o equivalente a uma declaração positiva de que duas pessoas não podem caminhar juntas se não concordarem, e, para dois caminharem juntos, eles precisam ser, de alguma forma, um.

Eles também precisam concordar que querem caminhar juntos, e precisam concordar que fazer essa jornada juntos é algo bom para ambos. Acho que vocês perceberão que tudo se resume a isto: PARA QUE DOIS CAMINHEM JUNTOS VOLUNTARIAMENTE, ELES PRECISAM SER, DE ALGUMA FORMA, UM.

Estou falando agora sobre como podemos cultivar a companhia do Espírito, como podemos caminhar com Ele todos os dias, todas as horas – e não se incomodem se eu disser "você" (algumas vezes, nós, pregadores, falamos na terceira pessoa, e vocês podem desenvolver um hábito de pensar na terceira pessoa.

Não falamos sobre "nós"; falamos sobre "eles". Eu não gosto disso. Acho que devemos ser pessoais a respeito disso).

Você está preparado para isso?

Alguns de vocês não estão preparados nem um pouco para este sermão. Estão tentando viver das duas formas ao mesmo tempo. Estão tentando receber um pouco deste mundo e um pouco do mundo acolá. Vocês são cristãos, mas estou falando sobre um avanço além dos primeiros estágios da Salvação e do cultivo da presença do Espírito Santo, para que Ele possa iluminar, abençoar, erguer, purificar e dirigir sua vida. Vocês não estão prontos para isso, porque ainda não abriram mão de tudo para poder ter quem é Tudo. Vocês querem um pouco, mas não querem tudo; e é por essa razão que ainda não estão prontos.

Quem não abriu mão do mundo não conseguirá entender sobre o que estou falando. Vocês desejam o cristianismo por seu valor de garantia. Vocês querem o que um homem deseja quando faz um seguro de vida, de carro ou de casa. Não desejam o modernismo, porque não tem valor de garantia. Vocês estão dispostos a apoiar financeiramente essa proposta. Pobre do homem que deseja uma garantia sem estar disposto a pagar por ela. Se Jesus Cristo morreu por vocês na cruz, isso os deixa muito felizes, porque significa que vocês não serão julgados, e passaram da morte para a vida. Vocês estão dispostos a viver razoavelmente bem, porque é o valor que estão pagando pela garantia de que Deus vai abençoá-los enquanto viverem, e levá-los para o Céu quando morrerem!

Vocês podem não estar prontos porque sua concepção de religião é social, e não espiritual. Há pessoas assim. Elas diluíram a religião do Antigo Testamento até não haver mais força nela. Elas acrescentaram a água de sua própria opinião dentro dela até ficar sem sabor. Elas são socialmente preocupadas. E vão até aí. Pessoas como essas podem ser salvas. Não estou preparado para dizer que elas não estão salvas, mas estou preparado para dizer que elas não estão prontas para aquilo sobre o que estou falando. O Evangelho de Cristo é essencialmente espiritual, e a verdade cristã agindo sobre a alma humana por meio do Espírito Santo faz de homens e mulheres cristãos seres espirituais.

Não quero dizer isto, mas acredito que alguns de vocês podem não estar prontos para essa mensagem porque são mais influenciados pelo mundo do que pelo Novo Testamento. Eu tenho plena certeza de que eu poderia reunir quinze vagões de cristãos fundamentalistas a essa hora na cidade de Chicago que são mais influenciados em sua perspectiva por Hollywood do que pelo Senhor Jesus Cristo. Estou certo de que muitas coisas que se passam como Evangelho em nossos dias são pouco mais do que um caso muito fraco de religião ortodoxa enxertada em um coração que é vendido para o mundo em seus prazeres, gostos e ambições.

O tipo de ensinamento que tenho trazido tem incomodado algumas pessoas. Não vou mesmo me desculpar porque, necessariamente, se tenho caminhado pensando que está tudo bem e então vem um homem de Deus e me diz que ainda há muitos territórios a conquistar, isso vai me incomodar. Essa é a pontada que atinge a alma de quem deseja conhecer a Deus. Sempre que a Palavra de Deus nos atinge, ela nos incomoda. Então, não fiquem perturbados com esse incômodo. Lembrem-se de que é bem normal. Deus precisa nos chacoalhar.

Mas há alguns que estão preparados. São aqueles que firmaram o compromisso grandioso e doce. Eles viram o Céu se aproximar e a terra retroceder; as coisas deste mundo se tornaram cada vez menos atrativas, e as coisas do Céu começaram a atraí-los cada vez mais como a lua atrai o mar, e estão preparados agora. Então vou lhes dar algumas poucas dicas para iniciar uma nova vida.

1 | O Espírito Santo é uma pessoa viva

O Espírito Santo é a terceira Pessoa da Trindade. Ele mesmo é Deus, e, como uma Pessoa, Ele pode ser conquistado; Ele pode ser persuadido e cultivado, como qualquer pessoa pode ser. As pessoas ganham espaço em nossa vida, e o Espírito Santo, sendo uma Pessoa, também pode ganhar esse espaço.

2 | Ficar absorto com Jesus Cristo

Estar absorto com Jesus Cristo é honrá-Lo. João disse: "Mas Ele se referiu ao Espírito que, mais tarde, receberiam os que nele cressem; pois o Espírito Santo até aquele momento não fora concedido, porque Jesus não havia sido ainda glorificado" (Jo 7:39).

Peço que observem que o Espírito Santo foi dado quando Jesus foi glorificado. Isso é um princípio. Lembre-se de que Ele veio e espalhou-se como uma inundação sobre as pessoas porque Jesus foi glorificado. Ele estabeleceu um princípio, e Ele nunca, nunca inundará a vida de um homem a não ser naquele em quem Jesus é glorificado. Portanto, se você se dedicar à glória de Jesus, o Espírito Santo se tornará o agente e procurará conhecer você, erguê-lo, iluminá-lo, enchê-lo e abençoá-lo. Honrar Jesus Cristo é fazer as coisas que Jesus lhe disse para fazer, confiando Nele como seu Tudo, seguindo-Lhe como seu Pastor e obedecendo-Lhe completamente.

Vamos cultivar o Espírito Santo honrando o Senhor Jesus. Enquanto honramos Jesus, o Espírito de Deus se alegra em nós. Ele não se contém, Ele fica tranquilo e se torna íntimo de nós, entra em comunhão e compartilha a Si mesmo; e o sol nasce, e o Céu se aproxima conforme Jesus Cristo se torna tudo para nós.

Glorificar Jesus é a função da Igreja, e glorificar Jesus é a obra do Espírito Santo. Eu posso caminhar com Ele quando estou fazendo as mesmas coisas que Ele está fazendo, ir para o mesmo lugar para o qual Ele está indo e viajar à mesma velocidade que Ele está viajando. Preciso estar envolvido com Jesus Cristo. Preciso honrá-Lo. "Aquele que me serve será honrado por meu Pai" (Jo 12:26). Então, vamos honrar o Senhor Jesus. Não apenas teologicamente, mas vamos honrá-Lo pessoalmente.

Cultive a arte de reconhecer a presença do Espírito em todos os lugares.

3 | Andar em retidão

Vamos caminhar em retidão. A graça de Deus que nos trouxe Salvação também ensina ao coração que devemos negar as impiedades e luxúrias mundanas, e viver em juízo e retidão, de maneira piedosa neste mundo. Aí você vê as três dimensões da vida. Com juízo – isso é para mim. Retidão – isso é para o meu próximo. Piedade – isso é para Deus. Não vamos cometer o erro de pensar que podemos ser espirituais sem sermos bons. Não vamos cometer o erro de pensar que podemos caminhar com o Espírito Santo e seguir por um caminho errado, sujo ou iníquo, pois quem pode caminhar junto a não ser que concordem? Ele é o Espírito Santo, e se eu ando em um caminho profano, como posso ter comunhão com Ele?

4 | Fazer de seus pensamentos um santuário puro

Para Deus, nossos pensamentos são objetos. Nossos pensamentos são decorações dentro do santuário onde vivemos. Se nossos pensamentos são purificados pelo sangue de Cristo, estamos vivendo em um local limpo, não importa se estamos vestindo macacões cobertos por graxa. Seus pensamentos basicamente definem o ambiente, o clima e o tempo dentro de seu coração, e Deus considera seus pensamentos como sendo parte de você.

Pensamentos de paz, de piedade, de caridade, pensamentos de Deus, pensamentos do Filho de Deus – esses são puros, bons e elevados. Portanto, se você deseja cultivar a companhia do Espírito, precisa ter acesso a seus pensamentos e não permitir que sua mente seja um deserto onde qualquer tipo de animal impuro passeia e qualquer tipo de ave voa. Você precisa ter um coração puro.

Pensamentos de paz, de piedade, de caridade, pensamentos de Deus, pensamentos do Filho de Deus – esses são puros, bons e elevados.

5 | Buscar conhecê-Lo na Palavra

É na Palavra que encontramos o Espírito Santo. Ainda que leia outras coisas, sempre leia mais a Bíblia. Alguns de vocês vão dizer: "Olha só quem fala!". Bem, podem dizer isso, eu não me importo; mas, conforme vou ficando mais velho, leio cada vez menos, não porque estou perdendo interesse nesse enorme mundo sofredor, mas porque estou ganhando interesse naquele outro mundo lá em cima. Então eu digo, não tente saber tudo. Você não consegue. Encontre-O na Bíblia, pois o Espírito Santo escreveu esse livro. Ele o inspirou e Ele será revelado em suas páginas.

Qual é a palavra quando pensamos sobre a Bíblia? É MEDITAR Devemos ir até a Bíblia e meditar. É isso que os antigos homens de Deus faziam. Eles meditavam. Eles colocavam a Bíblia sobre suas cadeiras feitas à mão, sentavam-se sobre o velho e gasto chão e meditavam na Palavra. Enquanto meditavam, a fé aumentava. O Espírito e a fé se iluminavam. Eles não tinham nada além de uma Bíblia com tinta fina, margens estreitas e papel frágil, mas eles conheciam a Bíblia melhor do que alguns de nós com todos os auxílios que temos. Vamos praticar a arte da meditação na Bíblia.

Agora, por favor, não peguem um livro de frases para formar um clube. Não façam isso! Apenas meditem. É disso que precisamos. Já estamos organizados demais. Vamos ser apenas cristãos simples. Vamos abrir a Bíblia, colocá-la sobre a cadeira e meditar. Ela se abrirá para nós, e o Espírito de Deus virá e ficará sobre ela.

Então, medite. Eu desafio você: tente fazer isso por um mês e veja como funciona. Coloque de lado as perguntas e respostas e o complemento de algumas linhas em branco sobre Noé. Coloque todo o excesso de lado e pegue uma Bíblia, abra-a, ajoelhe-se e diga: "Pai, aqui estou. Comece a me ensinar". Ele começará a ensinar você, Ele ensinará sobre Ele mesmo, sobre Jesus e sobre Deus, sobre a Palavra, sobre a vida e a morte, sobre o Céu e o inferno e sobre a Sua própria presença.

A tarefa mais humilde pode se tornar uma ministração sacerdotal quando o Espírito Santo assume o controle e Cristo se torna seu Tudo.

6 | Cultivar a arte de reconhecer a presença do Espírito

Tenho apenas mais um ponto: cultive a arte de reconhecer a presença do Espírito em todos os lugares. Fique familiarizado com o Espírito Santo e então comece a cultivar Sua presença. Ao acordar pela manhã, em vez de afundar sua cabeça atrás de um jornal, será que você não poderia pensar um pouco sobre Deus enquanto come sua fruta?

Lembre-se: cultivar a familiaridade com o Espírito Santo é um trabalho. É algo que você faz, e ainda assim é muito simples e prazeroso. É como cultivar a familiaridade com seu bebê. Você sabe quando olha pela primeira vez para aquele pequeno companheiro enrugado, gritando, com a boca aberta: você não o conhece. Ele é um pequeno desconhecido para você. Então você começa a conquistá-lo, e ele sorri (não é um sorriso. Ele está com cólica! Você acha que é um sorriso, e é algo maravilhoso). Logo, ele balança um braço, e você acha que ele está acenando para você. Então, ele murmura e você pensa que ele disse "mamãe". Você fica familiarizado!

Isso é para os ministros? Para as donas de casa? Sim – donas de casa, clérigos, leiteiros e estudantes. Se você conseguir ver, acreditar e se entregar a Ele, não haverá vestígios de secularidade em sua vida. Você não realizará ato algum comum ou profano. A tarefa mais humilde pode se tornar uma ministração sacerdotal quando o Espírito Santo assume o controle e Cristo se torna seu Tudo.

FONTE: Electra LT Std

Ágape nas redes sociais